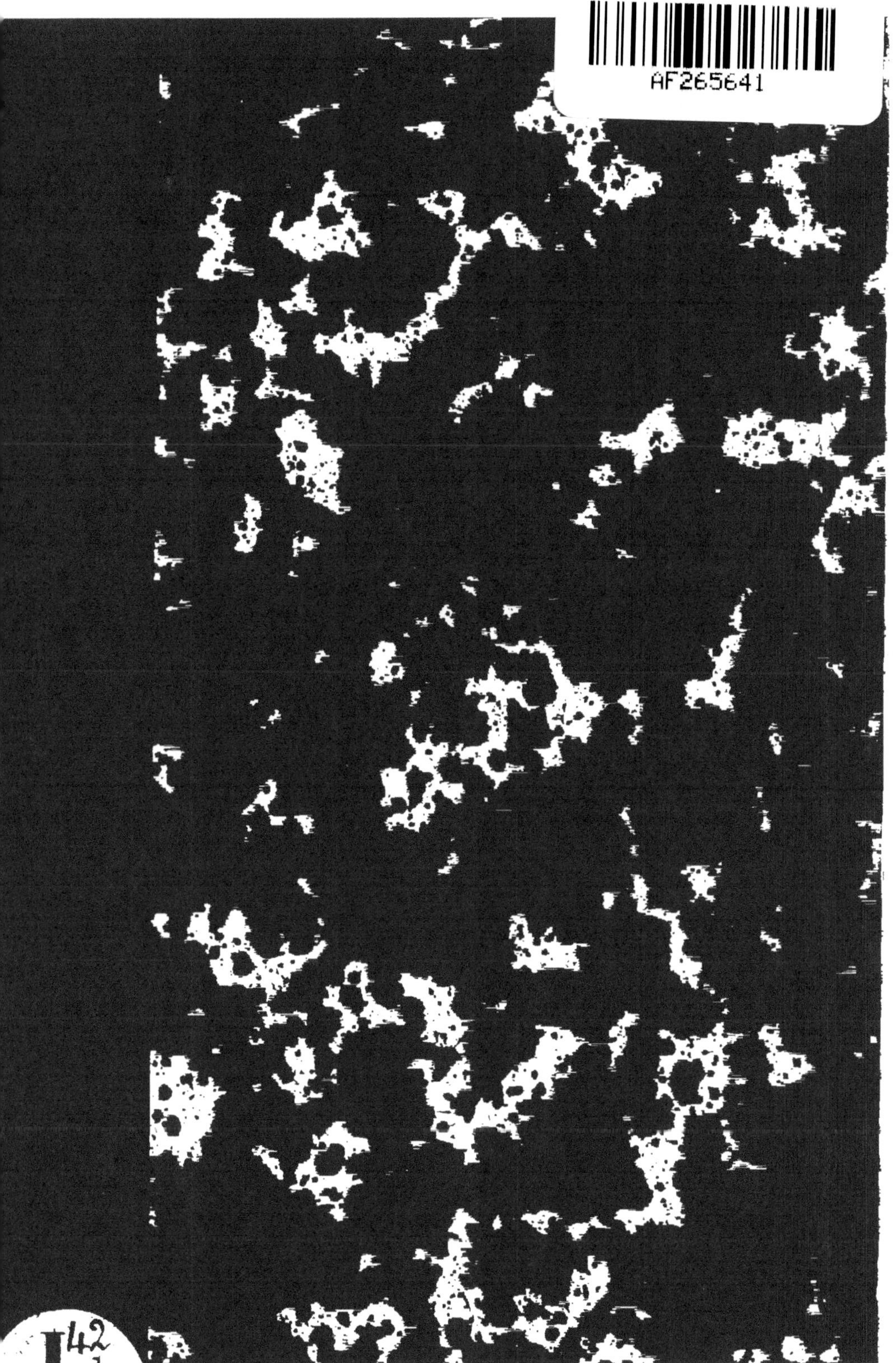

DISCOURS

Prononcé à Strasbourg, le 26 Messidor an VI, anniversaire du 14 Juillet 1789;

PAR LE C.^{en} BOTTIN,

Secrétaire en chef du Département du Bas-Rhin.

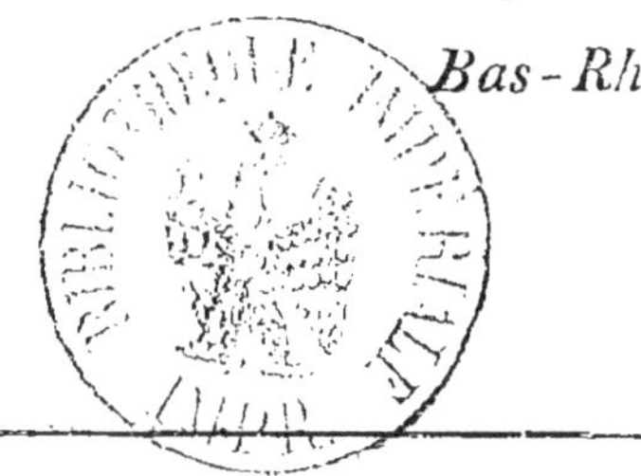

Imprimé par ordre de l'Administration centrale.

STRASBOURG,

Chez F. G. LEVRAULT, impr. du Département du Bas-Rhin.

An VI de la République française.

Que signifient ces sons rares et majestueux, qui depuis hier soir rappellent à mes oreilles le tocsin de la liberté ? Pourquoi le son bruyant de la trompette guerrière a-t-il dévancé l'aube du jour, pour tirer le peuple de son sommeil, et porter dans l'ame du républicain, toujours sur ses gardes, l'appel aux armes ? Que veulent annoncer ces coups de canon, répétés de minute en minute depuis plusieurs heures sur tous les points de la frontière, et répercutés simultanément d'une extrémité de la République à l'autre ?... Français ! c'est que c'est aujourd'hui l'anniversaire du 14 juillet : c'est à pareil jour qu'il y a neuf ans, le peuple le plus doux de l'univers, exaspéré par la trahison et le malheur, a tiré l'épée contre la tyrannie, pour ne la remettre que lorsque le monstre n'existeroit plus ; c'est aujourd'hui, à pareille heure, dans le moment même où je vous parle, que le canon exterminateur de la liberté foudroyoit la bastille, et en faisoit voler en éclats les formidables remparts.

O vous, qui vous passionnez pour tout ce

qui tient à la liberté; républicains de bonne foi et de bon cœur, soyez attentifs ! Je vais vous parler des premiers amis de la révolution : je vais vous raconter les grandes choses qu'ils ont faites pour reconquérir la liberté, l'égalité; les efforts héroïques qu'il leur en a coûté, pour arracher de dessus la charte sacrée des droits de l'homme la masse énorme de fers sous laquelle la longue oppression de nos rois en avoit fait disparoître, depuis des siècles, les caractères sacrés : je vais parler du 14 juillet... Ouvrez vos cœurs ; un récit simple et fidèle des événemens m'a paru la seule manière de célébrer dignement cette première grande époque de notre révolution.

Près de quatorze siècles de chaînes, aggravées, surtout depuis l'avénement des Capets à la couronne, par tout ce que le régime féodal a d'humiliant et de dur, préparoient lentement à la France une révolution telle que les annales de tous les peuples connus n'en présentent point de si complette, de si soudaine, de si étonnante. La fin du philosophe dix-huitième siècle étoit marquée pour en être l'époque. Déjà se développoit insensiblement dans le cœur des Français le germe de la liberté, qui y étoit depuis si long-temps enseveli, mais non étouffé. Impatiens du joug de fer qu'ils sentoient s'appesantir sur leur tête avec une progression effrayante, ils n'attendoient plus qu'une occasion favorable pour le secouer et se relever enfin de leur profond avilissement. Elle est arrivée : despotisme! c'est l'unique bienfait qu'ils aient reçu de toi.

Des coups d'autorité multipliés par la précipitation et rétractés par la foiblesse, une cour dévorante et licencieuse, un clergé somptueux et libertin, une noblesse arrogante et corruptrice, lassent le peuple et le poussent au désespoir : les lois, la seule sauve-garde contre les tentatives de l'oppression, les lois devenues sans force, les impôts doublés dans l'espace de dix ans, la dette poussée dans le même temps à un taux incalculable, font rappeler au timon des affaires un ministre qui y avoit autrefois montré quelqu'habileté.... Mais la détresse étoit extrême; il falloit un remède extrême ; et ce remède ne pouvoit plus être que les états-généraux : convoqués d'abord (1), entravés ensuite sous différens prétextes,

Necker sut enfin les faire ouvrir au mépris de tous les opposans. Une lutte scandaleuse de de toutes les passions en marque les premiers momens. La cour en avoit redouté la réunion : fidèle à sa maxime favorite, elle s'efforce de diviser, tente de coaliser les deux premiers ordres de l'état, et de tenir les communes dans un état de dépendance et de nullité (2). Celles-ci s'en aperçoivent: empêchées par la force armée de se réunir dans le local ordinaire pour délibérer sur le danger, les députés du tiers-état se précipitent à travers les baïonnettes croisées devant eux, pénètrent dans le jeu de paume, et s'y lient par ce fameux serment de liberté et d'égalité, qui retentit dans un instant jusqu'au fond des provinces, et en est repoussé contre le trône : ils s'étoient constitués, le 17 juin, en *assemblée nationale;* ils forcent les deux autres ordres à la réunion, dès le 27 (3).

Le despotisme étoit furieux : il accourt en armes, pour dissoudre cette *assemblée*, devenue depuis si fameuse : des troupes étrangères sont appelées de toutes les frontières ; elles s'avancent à grandes journées avec du canon,

investissent Paris et Versailles (4), les cou-
vrent d'un crêpe funèbre, et y apportent le
silence de la mort. Le despotisme croyoit
réussir par la terreur ; il se trompe encore.
Une sourde énergie fermente dans toutes
les ames. Enfin les Français s'éveillent : des
hommes courbés depuis des siècles se redres-
sent tout-à-coup ; ils sont armés. Tremblez,
despotes, et vos vils suppôts !...

Dans la journée du 12 juillet (5), le farouche
Lambesc (c'étoit un prince) avoit eu la témé-
rité de fondre, à la tête de Royal-allemand,
sur le pont tournant qui conduit aux tuileries, d'entrer dans un jardin public à main
armée, au moment où une foule immense de
citoyens paisibles, de tout âge et de tout sexe,
y goûtoit avec sécurité le plaisir de la pro-
menade : arrivé à l'entrée de la grande allée,
il avoit eu la férocité de commander à ses
soldats de faire feu sur le peuple sans distinc-
tion ; et ses soldats avoient obéi !... Que
dis-je ! lui-même, l'affreux Lambesc, courant
à toute bride, avoit eu la barbarie de pour-
fendre d'un coup de sabre un pauvre vieillard, qui, se trouvant par hasard sur son pas-

sage, étoit tombé à genoux pour lui demander grâce.

Malheureux vieillard, ta mort sera vengée ! Le bruit s'en répand en un clin d'œil dans tout Paris. A cette nouvelle, le peuple furieux se porte en armes aux tuileries, fond sur le régiment assassin, en détruit une partie, et met le reste en fuite : le lâche prince avoit déjà disparu (6).

Le peuple étoit levé, il ne devoit plus se rasseoir. Des avis certains annonçoient les dispositions hostiles de ceux qui commandoient les troupes campées autour ·de Paris ; le fer et la famine étoient des fléaux également instans. Pendant toute la journée du 13, le sombre tocsin et le canon se font entendre ; ils annoncent la détresse, électrisent les cœurs : des tranchées, des barricades sont faites dans tous les faubourgs, les rues sont dépavées, les pierres transportées jusques sur les toits des maisons, pour en écraser les assassins du despote, s'ils osent se présenter : en moins de quarante-huit heures, Paris voit dans son sein cent cinquante mille hommes armés, et autant qui n'attendoient que des armes pour se joindre aux autres. On eût dit que les hommes sortoient de dessous le pavé, comme ces bataillons armés que les enchanteurs de la fable faisoient sortir du sein de la terre, en la touchant de leur baguette. Liberté, c'est là ton secret !

Enfin tu parus, ô 14 juillet !... journée des grands souvenirs !... journée immortelle !... Dès le matin les habitans du faubourg Antoine et de la rue Denis s'étoient emparés de l'hôtel des invalides, et y avoient vidé un magasin d'armes et pris du canon (7). Pour vaincre la tyrannie, il falloit sur tout détruire son repaire. On nomme la bastille ; on s'écrie qu'il n'y aura point de paix ni de liberté tant que la bastille subsistera : soudain mille voix répètent, *à bas la bastille ;* on y court, on l'investit.

Launay commandoit ce boulévard de la terreur : il en avoit de longue main augmenté la défense, et venoit de recevoir de Besenval des ordres de tenir bon jusqu'à ce qu'il reçût des secours. Hommes téméraires ! que pouviez-vous contre l'impétuosité française et l'acharnement qu'inspire la liberté !... On le somme de rendre la forteresse ; il feint de l'accorder : les valets des rois sont presque toujours des lâches. Deux fois, sur la foi de ses promesses, des citoyens sont introduits dans la cour, et deux fois le pont-levis se baisse et on fait feu sur eux. C'en étoit trop: la fureur de ceux qui sont dehors monte à son comble; ils s'élancent contre la forteresse, les chaînes du pont-levis sont brisées à coups de canon, les portes volent en éclats: la formidable bastille, qu'une armée et le grand Condé avoient inutilement assiégée pendant vingt-trois jours (8), la bastille est emportée en moins de quelques heures, par une troupe d'hommes, de femmes et d'enfans, enrégimentés depuis vingt-quatre heures.

Elle n'est donc plus, cette funeste bastille ! elle ne foulera plus la terre de la liberté ! De cet antre odieux des fureurs royales et ministérielles il ne reste plus aujourd'hui qu'un sol que rendent encore hideux les traces des cachots ignorés qui ont été trouvés sous ses fondemens, habités, quelques-uns, par des ossemens enchaînés. O horreur dont les pays gouvernés par un seul peuvent seuls fournir l'exemple !

Citoyens, la bastille étoit comme le palais enchanté, à la durée duquel étoit attaché le sort de la royauté en France : elle étoit la clef de la voûte cadavereuse qui soutenoit tout l'édifice du despotisme. La bastille une fois écroulée, le reste devoit bientôt subir le même sort.

Ainsi l'aurore du 14 juillet fut le lever de la liberté pour la France. Avec la bastille disparut de dessus son horizon ce nuage épais de servitude, qui n'avoit jusqu'alors permis que par intervalles le passage aux rayons de ce soleil régénérateur (9). Avec elle disparurent, dans la nuit du 4 août, cette caste privilégiée et oppressive que l'on appeloit noblesse ; ces corporations superfétatoires de pieux fainéans, qui engloutissoient les deux tiers des richesses territoriales, et rongeoient la moralité publique sous le cinisme le plus effréné. Semblables à ce que les poëtes racontent de la confusion de la fabuleuse tour de Babel, c'est sous les ruines de la bastille que se sont confondus et abymés ces titres féodaux, ces dénominations marquées au coin de l'esclavage, du tritus desquelles est sortie cette belle

et simple qualification de *citoyen*, si respec-
table dans la bouche des hommes, si douce
dans celle des femmes, et qui n'est dédai-
gnée que par les valets des rois et les vam-
pires des finances publiques.

C'est la poussière des ruines de la bastille,
qui, poussée par le vent impétueux de la
liberté sur l'orgueilleux palais de Louis XVI,
et pénétrant dans ses appartemens dorés, y
a causé ces vertiges de fureur, de trahison,
de lâcheté, avant-coureurs toujours certains
de la perte des tyrans : du feu du premier
coup de canon tiré contre ses ponts-levis,
est sortie la flamme qui a dévoré le sceptre,
et a cuit, de ses débris, la brique fondamen-
tale de la République.

O 14 juillet ! journée d'un souvenir éter-
nel ! c'est toi qui, dissipant sans retour les
prestiges de quatorze siècles, as retiré de dessous le réseau flétrissant de l'inégalité ces légis-
lateurs qui ont déconcerté la politique des
cabinets, ces héros qui ont battu les vieilles
bandes des nations : c'est toi qui as donné le
pas de charge aux Français, et *Bonaparte* à
l'univers.

Citoyens, c'est encore le 14 juillet qui a donné le signal de l'affranchissement des peuples! sans lui il ne seroit pas encore question de vous, Républiques batave, cisalpine, ligurienne, romaine, helvétique, dont les destinées s'affermissent sous les auspices et à l'ombre de la grande nation! sans lui le despotisme, fier de son inviolabilité, vous pressureroit encore!... Peuples opprimés de toute la terre, célébrez avec nous le 14 juillet; il est le signal de votre prochain affranchissement. Oui, la chute de la bastille française a marqué le moment de la destruction de toutes les bastilles de l'univers. Déjà elles ne sont plus, celles de Milan, de Rome, de Malte (10). Votre tour viendra aussi, ô vous, prisons de l'affreuse inquisition, qui êtes avides du sang des philosophes amis de l'humanité et de la nature! Ton tour viendra, il n'est pas loin, toi, sur tout, ô odieuse tour de Londres ! les soupirs et les chants des Français libres que tu renfermes depuis tant de mois, portés vers tes voûtes, les ont ébranlées : le fracas de la chute de Malte, cet antre monacal, a sonné ta dernière heure : le sang jail-

lissant des infortunés O-Coigley et Fitz-Gerald
(11) s'est attaché aux parois de tes murs, comme
le feu grégeois, pour les calciner et les réduire
en chaux ! . . . Braves Irlandais unis, dont
le sort me cause par fois des insomnies ! du
courage, de l'union ! *si la servitude a des
siècles de durée, la liberté n'a que des instans
qu'il faut saisir.* Vous en tenez un, sachez en
profiter. *Déjà le cri de la liberté a glacé
l'ame de vos oppresseurs; leurs trâmes sont
déjouées; leur or, leurs crimes sont perdus.*
Irlandais, du courage ! frappez ! bientôt nous
vous aiderons à exterminer un gouvernement
atroce ! Des tyrans tués, tels que George et
Pitt, ne seront pas des hommes de moins aux
yeux de la nature, qu'ils fatiguent de leurs
outrages.

Le 14 Juillet ne nous rappelle pas seule-
ment le souvenir de l'héroïsme qu'inspire la
liberté, il nous retrace aussi celui des vertus
douces et généreuses qui en affermissent l'empire bienfaisant.

O vous qui en 89 souriiez déjà à la république s'avançant d'un pas lent et majestueux
vers ses hautes destinées ! vous qui, constans

et inébranlables dans vos principes, au milieu de la lâche défection de tant d'hommes que vous comptiez à vos côtés dans les commen- cemens (12), avez conservé dans vos cœurs ce feu sacré de la liberté qui doit électriser une génération moins prévenue que la nôtre! hommes du 14 Juillet, respectables vétérans de la révolution ! approchez, et redites-nous quelles passions, quelles affections remplis- soient le cœur des Français dans ces beaux jours ! Alors, n'est-il pas vrai? la haine de la tyrannie et de la trahison étoit la seule affection violente que l'on ressentît; alors on ne connoissoit pas encore cette pénible dé- fiance qui est résultée depuis de l'imprudence des uns, du malheur des autres, et du crime d'un petit nombre ; alors on ne connoissoit point ces haines, ces divisions que les apôtres cachés de la contre-révolution fomentent encore dans ce moment parmi nous ; alors la douce confiance, la délicieuse fraternité exerçoient leur empire bienfaisant. O temps heureux! en rencontrant un de ses concitoyens, on étoit sûr de rencontrer un frère; tous les cœurs étoient mûs par le sentiment d'un seul besoin, celui d'être libre ; tous étoient électrisés par cet enthousiasme qui créa la république.

Elles duroient encore en 1790, ces heureuses dispositions : témoins ces réunions touchantes qui se répétoient d'un bout de la France à l'autre, et caractérisoient si bien le bon esprit public qui régnoit alors. Comme chaque citoyen, chaque bourgade, chaque cité s'empressoit de fraterniser avec la bourgade, avec la cité voisines (13)! comme les distances étoient comptées pour rien, lorsqu'il s'agissoit d'aller embrasser des frères ; d'aller répéter avec eux, en se serrant la main avec l'étreinte des hommes libres, ce serment terrible qui a imprimé un mouvement d'oscillation à tous les trônes ! . . . et le serment du champ de Mars, poussé d'un seul jet par un million d'hommes réunis sur un même point (14)! O patrie, patrie ! alors tu n'étois pas un vain mot ! Chère patrie ! quand ton nom étoit prononcé, le cœur tressailloit, les yeux se remplissoient de pleurs, l'ame s'élevoit, s'agrandissoit ; pour un Français ; tu étois tout, et avant tout.

Être suprême, dont la bonté a si complétement exaucé les premiers vœux des Français devenus

devenus libres! toi, dont la main bienfaisante répand sur eux, dans ce moment, avec une si grande profusion, les richesses de la nature (15)! toi, qui entretiens entre les deux premières autorités de la république cette étroite union, d'où résulte une force, une vigueur, terribles pour nos ennemis! achève ton ouvrage! Sois propice aux vœux ardens que nous émettons vers toi en ce jour solennel; rends-nous les vertus du 14 Juillet!

Rends-nous ce dévouement à la cause de la liberté, cet amour sacré de la patrie, qui prépara la défaite et la honte de l'Europe entière, liguée contre nous!

Rends-nous cette sainte sollicitude, cette jalousie de la liberté qui peut seule déconcerter les complots ourdis, jusque dans le sein de nos cités, par les conspirateurs sacrés, les émissaires des émigrés et les soudoyés de l'Angleterre!

Rends-nous cette horreur pour les dilapidateurs éhontés de la fortune de l'état, qui les condamne à l'isolement du crime, et les fasse trembler sur leurs tas d'or exprimés de la substance et du sang du peuple!

B

Rends-nous ce premier enthousiasme pour les institutions républicaines, qui débarrasse enfin toutes les parties de l'administration publique de la présence encombrante des *messieurs*, pour n'y laisser que des *citoyens* (16)!

Rends-nous, ah sur tout rends-nous cette confiance mutuelle, sans laquelle nous ne pouvons passer que des jours agités et pénibles; cette tolérance qui nous fasse oublier des torts réciproques, et prévenir de nouvelles scissions; cette douce fraternité qui donne à la république entière l'attitude d'une famille réunie par les mêmes intérêts, et prête à se soulever en masse contre l'ennemi téméraire qui oseroit attaquer un seul de ses membres!

Rends-nous cette unité de sentimens qui fut, dans tous les siècles, l'égide des peuples libres !

Français ! c'est encore aujourd'hui le 14 Juillet : tendons-nous la main, oublions nos torts réciproques, en ce jour solennel; jurons tous, d'une voix unanime, fraternité et union!

Vive la République!

N O T E S.

(1) DÈs le 16 juillet 1787, le parlement de Paris avoit manifesté au roi son vœu de voir la nation assemblée, préalablement à l'établissement de nouveaux impôts.

Le 8 août 1788, M. de Brienne, avant de sortir du ministère, fait rendre un arrêt du conseil, qui fixe l'époque de la tenue des états généraux au 1.er mai 1789. Il ne furent ouverts que le 5.

(2) On est encore indigné lorsque l'on se rappelle les mille et une humiliations, et les dégoûts dont une cour corrompue et vile s'étudioit à abreuver les respectables députés du tiers-état. Sous prétexte de ne pas s'écarter des usages surannés de 1614, époque des derniers états généraux, on recourt à la garderobe poudreuse de la chicane pour en tirer le costume noir et sinistre des anciens hommes de loi, et on les en affuble, tandis que les deux premiers ordres reçoivent un costume pompeux. Dans les présentations des députés au roi, on ouvre les deux battans au clergé et à la noblesse, et le roi les reçoit dans son cabinet; on n'en ouvre qu'un aux députés des communes, et le roi les reçoit dans la chambre de Louis XIV, où ils défilent avec rapidité, après avoir attendu long-temps, entassés dans le vaste sallon d'Hercule. On va jusqu'à affecter une porte particulière pour l'introduction des députés du tiers aux états généraux ; ils devoient passer par une porte de derrière abritée par un hangar, où, le jour de l'ouverture, ils restèrent plusieurs heures, pendant que le roi, la cour et les députés de l'église et de la noblesse passoient par la grande porte.

Vils et orgueilleux personnages, votre tour viendra ! . . .
Voyez *J. P. RABAUT*, *Précis historique de la révolution
française.*

(3) Le 17 juin, les députés des communes se constituèrent
en assemblée nationale ; ce fut le 27 que les députés des deux
autres ordres sé réunirent à eüx.

(4) Au nombre de ces troupes on comptoit les régimens
de Royal-allemand , Royal-cravattes , Royal-Pologne ; les
régimens suisses de Diesbach, Salis-Samade et Châteaux-
vieux ; les hussards de Bercheny, Esterhazy ; Royal, dragons ;
les régimens de Provence et de Vintimille ; les régimens d'ar-
tillerie de Besançon et de la Fère. D'autres troupes étoient à
portée de les renforcer. Le camp du champ de Mars étoit
commandé par Bouillé, l'assassin de Nancy , sous les ordres
du maréchal de Broglie. On doit dire, à la louange des braves
soldats français qui se trouvoient de ce nombre, que ceux qui
l'ont pu ont déserté les drapeaux du despotisme pour venir
se réunir à leur frères de Paris, et que ceux qui ont été for-
cés de rester sous leurs drapeaux, n'ont pris aucune part
aux horreurs dont Royal-allemand a donné le signal.

(5) Quelques jours avant le 12 juillet, il y avoit eu une
émeute sérieuse au palais-royal. Lors de la séance royale :
des gardes françaises, qui se trouvoient de service à Versailles,
avoient refusé de faire feu sur le peuple ; onze d'entre eux
avoient été pour cela mis dans les prisons de l'abbaye de
Saint-Germain-des-prés. Leur cause devient la cause publique ; on court les délivrer. Le 12, dans la journée, une
troupe de cinq à six mille hommes, marchant assez vîte et
sans beaucoup d'ordre, armés les uns de fusils, les autres
de sabres, de lances et de fourches , et décorés , d'abord
de la cocarde verte , et ensuite de celle aux trois couleurs,
promenoient en triomphe les bustes en cire d'hommes qu'ils

croyoient les patrons de la liberté, et faisoient fermer les spectacles, en disant *que les Français ne devoient pas se réjouir au sein des malheurs publics, et qu'il n'étoit plus aucun plaisir pour eux, Extrait de l'histoire de France pendant trois mois.*

(6) Les soldats du prince de Lambesc, qui avoient perdu de vue leurs chefs, tournèrent leurs pas vers le boulevard des Italiens, et se mirent en embuscade à l'entrée de la chaussée d'Antin, rangés en deux files devant la caserne des gardes françaises pour les surprendre à leur retour; ceux-ci passèrent en ordre de bataille sur le boulevard, à la tête de plusieurs milliers de Parisiens, déterminés à vendre cher leur vie. Arrivés à la chaussée d'Antin, ils aperçurent Royal-allemand, et crièrent: *qui vive.* Une décharge, qui abattit quelques patriotes, fut leur réponse. Alors, secondés par les Parisiens, et rejoints bientôt par la compagnie des fusiliers de Vaugirard, caserne de la Courtille, ils fondirent sur le régiment, et le firent reculer, puis prendre la fuite. *Voyez la même source que pour la note précédente.*

(7) Quelques-uns prétendent qu'en même temps que l'on prenoit les invalides, une autre troupe attaquoit déjà la bastille; la foule étoit telle aux invalides, que des milliers de bourgeois fondirent ensemble dans un souterrain où l'on tenoit en dépôt un magasin de sabres et de fusils en état, et que plusieurs y périrent, les chandelles s'étant éteintes, et l'ouverture étant trop étroite pour permettre à la fois l'entrée et la sortie de tant de monde.

(8) Dans la première origine, cette forteresse étoit l'entrée de Paris, et ne consistoit qu'en deux tours construites sous le règne du roi Jean; par la suite on éleva deux autres tours de retraite, en face et parallèles aux premières. Sous le règne de Charles V et de Charles VI, cet édifice

fut entièrement achevé : on y ajouta quatre nouvelles tours , et il fut donné à cette forteresse le nom de Bastille. Sous le règne de Louis XIV , les fossés et les fortifications furent réparés , les boulevards continués , et tout cela aux frais des bourgeois de Paris. Sous le règne de Louis XV , le bâtiment de l'état-major fut construit. C'étoit enfin le tombeau d'une foule innombrable de victimes du despotisme. Ses tours étoient couvertes de canons, et sembloient menacer Paris de l'humeur des ministres. La petite bastille , qui est portée aux fêtes anniversaires du 14 juillet, est composée du tritus d'une pierre des cachots de ce fort ; elle a été adressée à l'administration centrale par le patriote Palloy, le même qui a été chargé de la démolition de la bastille : il a fait le même envoi dans tous les départemens. Les arts sont les amis nés de la liberté.

Les cachots de la bastille étoient affreux : point de pavé , mais simplement une terre humide , dont le plein - pied étoit de niveau avec les fossés du château ; des murailles épaisses et mal - saines ; une voûte noire et très-élevée ; une pierre scellée au milieu du cachot , sur laquelle l'infortuné captif étoit assis nuit et jour, retenu par de grosses chaînes : telle étoit la demeure de nos concitoyens , de nos semblables, de nos frères ! . . .

(9) Voltaire, Rousseau, Raynal, vous savez ce qu'il vous en a coûté pour avoir osé révéler les secrets du despotisme ! . . .

(10) Malte , île de la mer méditerranée, entre l'Afrique et la Sicile. Elle a environ sept lieues de long sur quatre de large, et vingt de circuit. Après la prise de Rhodes, l'empereur Charles V la donna, en 1530, au grand - maître de l'ordre de S. Jean de Jérusalem , Villiers de l'Isle - Adam, qui y établit son ordre. Elle fut attaquée par les Turcs , sous

Jean de la Valette ; mais ils furent obligés d'en lever le siége, après une perte de trente mille hommes. Bonaparte et trente mille Français l'ont conquise en vingt - quatre heures.

(11) O-Coigley, condamné à mort le 4 prairial dernier, à Londres, sous prétexte qu'on avoit trouvé sur lui une adresse du comité secret d'Angleterre au Directoire exécutif de France, a été exécuté le 11. Le respect pour les magistrats, organes de la loi, l'héroïsme de la liberté, ont marqué les derniers momens de ce martyr de la cause populaire. Après que son jugement lui eut été prononcé, il salua ses juges avec respect ; son visage ne fut pas altéré un instant : son œil étoit ferme, serein, mais doux et pardonnant. Arrivé à Pennenden-Hæth, lieu de son supplice, il se mit à lire des prières en latin et en anglois ; puis, après une lecture de cinq minutes, il tira de sa poche une orange, qu'il déchira avec ses dents, voulant ainsi, jusqu'au dernier moment, exprimer son horreur pour le parti royaliste. Ses dernières paroles furent un pardon à tous les hommes, même à ceux dont le parjure le tuoit. Homme vénérable, tu m'arraches des pleurs !

Athur O-Connor, mis en jugement avec O-Coigley, pour prétendues correspondances avec les Français, venoit d'être déclaré innocent, à l'unanimité du jury ; au moment où il sautoit la barre pour venir dans les bras de ses amis, il est saisi et garotté en vertu d'un mandat d'arrêt, signé contre lui par le duc de Portland, comme prévenu d'un aûtre crime de haute trahison... Il est dans ce moment enfermé dans une même chambre avec son frère Roger O - Connor à Pijeon - House.

Le lord Edouard Fitz - Gérald, prévenu d'être ami des Français, et pour l'arrestation duquel le gouvernement anglais avoit offert une récompense de mille livres sterling, a été découvert à la fin dans une maison à Dublin ; il a fait résistance, et a eté blessé légèrement. Conduit d'abord au château de Dublin, et ensuite à Newgate, il vient de mourir dans sa prison, dans des accès violens de frénésie, de délire, et d'horribles convulsions. ¡Infame gouvernement, tu l'as fait empoisonner !

Un malheureux enfant de quinze ans, qui portoit sur son cœur cette inscription : *A la mémoire de William - Orr*, Irlandois uni, qui a péri sur l'échafaud, a été condamné à cent cinquante coups de verges ; il a expiré sous les tortures de ses assassins : infames tyrans, le sang de l'innocence retombera sur vos têtes ; soyez-en sûrs !

(12) Après le contre - révolutionnaire déterminé qui, depuis la chute de la bastille, s'est constamment déclaré l'ennemi de la liberté française, je ne connois point d'ennemi plus dangereux pour la République que l'homme qui prend tous les masques suivant la hausse ou la baisse de l'esprit public.

(13) Strasbourgeois, vous ne fûtes pas les derniers à payer le tribut à cet élan délicieux, qui, comme l'électricité, s'étoit communiqué à toute la France. Vos frères, accourus à votre voix des départemens voisins, se souviennent encore aujourd'hui avec délices de l'empressement aevc lequel vous les avez accueillis le 23 juin 1790, des preuves touchantes de fraternité que vous leur avez données . . . C'est qu'alors vous aviez un esprit public. Que dis-je ? les élemens en existent encore aujourd'hui. Oui, Strasbourgeois, vous êtes encore aujourd'hui ce que vous étiez alors : n'écoutez plus la voix perfide des ennemis de la liberté qui se tiennent cachés parmi vous ; sachez sacrifier des mécontentemens qui vous sont communs avec vos frères des autres départe-

mens , et sont d'ailleurs inséparables d'une révolution; soyez vous-mêmes , et la République ne comptera pas de plus sincères amis que vous.

(14) Je m'en souviens, de ce serment auguste : un million de frères environnoit l'autel de la patrie ; j'y étois aussi avec les fédérés de la Haute-Marne ; mon bras étoit aussi tendu vers le ciel, protecteur des hommes libres ; mon cœur étoit enlacé avec ceux de mes frères, il bondissoit d'aise au-devant des cœurs libres qui m'environnoient . . . Cieux , vous vous ouvrîtes pour recevoir notre serment !

(15) Les vieillards des champs s'accordent à assurer que de mémoire d'homme vivant il ne s'est présenté une année si abondante en toute espèce de productions que celle-ci. An VI de la République ! toi qui dois aussi marquer l'époque de la paix continentale , et la destruction du gouvernement Anglais, tu seras donc l'année des grandes époques dans les fastes de la République française !... Liberté, liberté, voilà ton ouvrage !

(16) Que nous sommes loin, sous ce rapport, du 14 juillet ! Alors on se faisait gloire de porter le beau nom de *Citoyen* ; alors l'autorité n'étoit pas forcée d'en imposer l'obligation aux fonctionnaires de qui elle a droit de l'exiger : aujourd'hui, hélas ! à peine cet usage si essentiel a-t il trouvé un asile dans quelques administrations patriotes et chez nos braves défenseurs. Mais dans le grand nombre des autres bureaux , chez les fonctionnaires même qui ont le plus de motifs d'être reconnoissans , puisqu'ils ont les emplois les plus lucratifs, ne vous présentez pas avec votre *maussade* épithète de *Citoyen* : à votre debut on vous regardera d'un air surpris ; on vous toisera du pied à la tête, d'un œil à demi protecteur, comme un homme qui , arrivant *d'étranges pays* , a besoin d'être mis au

courant des usages du jour ; on vous dira, d'un ton grassayant, que demande *monsieur* ? Gouvernement, gouvernement ! ne t'endors pas : l'esprit public retombe ; c'est dans les bureaux surtout que sont ceux qui l'assassinent... Les lâches, ce sont cependant des salariés de la République! ... Gouvernement! porte un œil sévère sur les bureaux !...

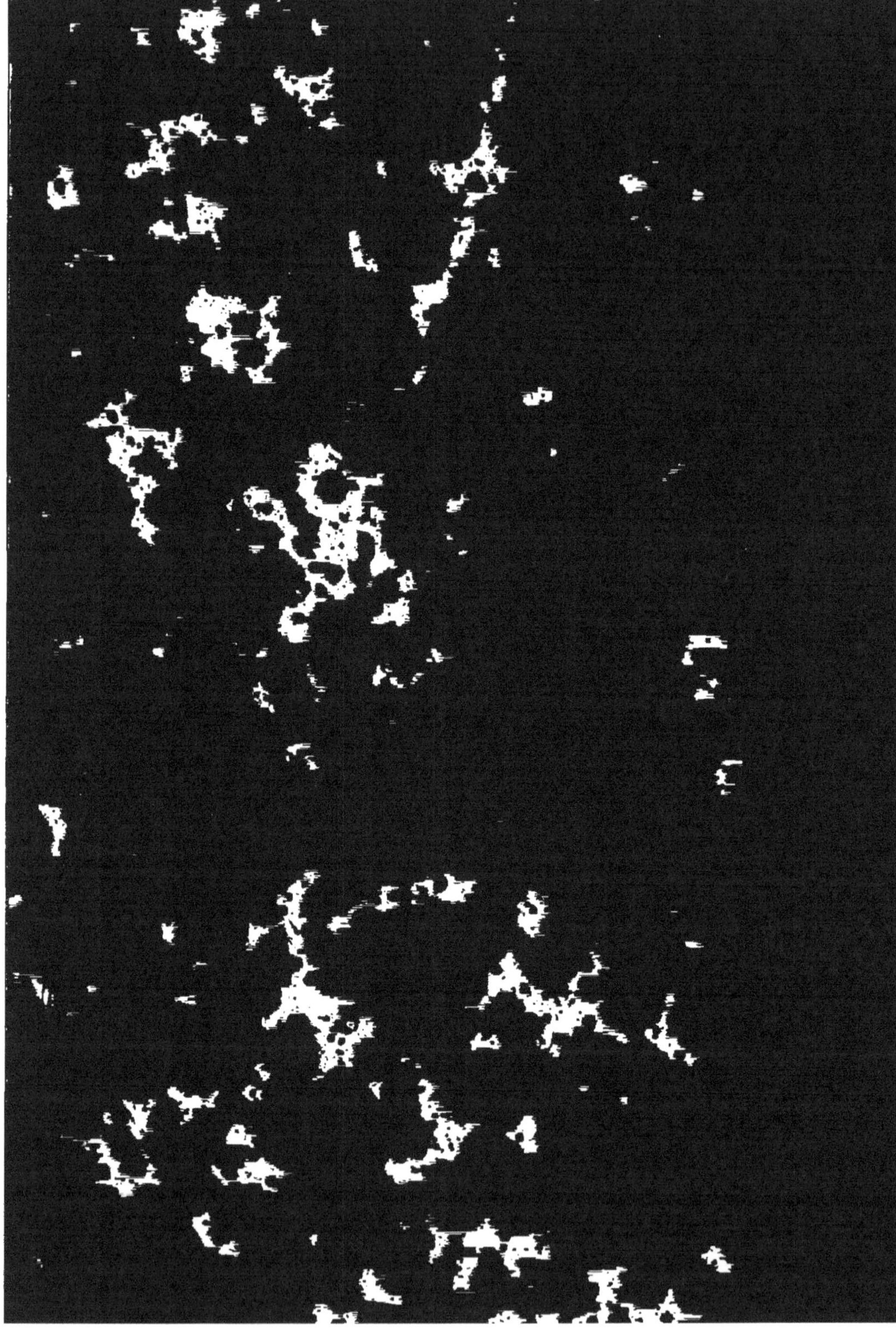

www.ingramcontent.com/pod-product-compliance
Lightning Source LLC
Chambersburg PA
CBHW061644050726
47598CB00004B/1450